INSTRUCTION MINISTÉRIELLE

DU 6 JUIN 1899

SUR LE

SERVICE DES FORGES

(Extrait du *Journal militaire*, 1er semestre 1899, n° 30.)

PARIS

LIBRAIRIE MILITAIRE R. CHAPELOT ET Cᵒ

IMPRIMEURS-ÉDITEURS

SUCCESSEURS DE L. BAUDOIN

30, Rue et Passage Dauphine, 30

1899

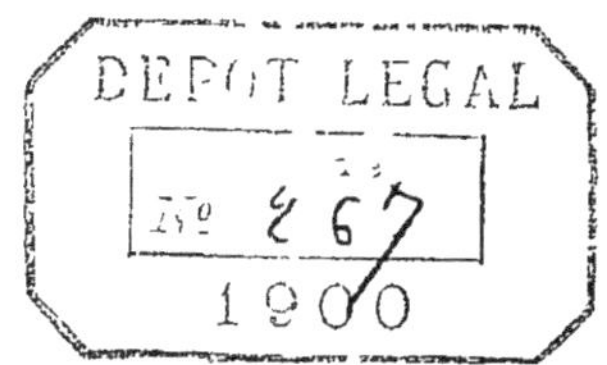

INSTRUCTION MINISTÉRIELLE

DU 6 JUIN 1899

SUR LE

SERVICE DES FORGES

TITRE PREMIER.

ORGANISATION GÉNÉRALE DU SERVICE.

CHAPITRE Ier.

DE LA RÉPARTITION GÉNÉRALE DU PERSONNEL.

Objet du service des forges.

Art. 1er. Le service des forges, qui ressortit à l'inspection permanente des fabrications de l'artillerie, a pour objet d'effectuer les achats, de surveiller la fabrication et de procéder à la réception des matières premières, ferrures, outils et autres objets de formes ou d'affectations diverses qui sont commandés à l'industrie privée ou au commerce, dans le but de constituer les approvisionnements de l'artillerie (1).

Il peut être éventuellement chargé d'exercer la même surveillance sur les commandes faites à l'industrie privée par d'autres services de l'administration de la guerre ou par d'autres administrations publiques.

Il a également pour mission d'assurer l'épreuve décennale des générateurs à vapeur des établissements de l'artillerie.

Ce service est confié à des officiers et employés du corps de l'artillerie.

---

(1) Tous les marchés de métaux seront passés et surveillés pour l'exécution par le service des forges ; il ne sera fait exception à cette règle que lorsqu'il s'agira de métaux destinés aux études et essais spécialement confiés à certains établissements.

Le Ministre statue sur ces cas d'exception.

Personnel et divisions du territoire.

Art. 2. Un colonel ou lieutenant-colonel est directeur du service.

Le territoire de la France est divisé en sous-directions dont le nombre, la circonscription et le chef-lieu sont arrêtés par le Ministre (1); un sous-directeur du grade de lieutenant-colonel ou de chef d'escadron dirige chacune de ces circonscriptions.

Directeur des forges.

Art. 3. Le directeur des forges a sous ses ordres, en qualité d'adjoint, un capitaine de 1re ou de 2e classe, et, en outre, un garde d'artillerie chef ouvrier d'état. un employé civil nommé par le Ministre et les dessinateurs qui peuvent être nécessaires pour l'exécution du service.

Sous-directeurs.

Art. 4. Chaque sous-directeur a sous ses ordres un capitaine ayant le titre de sous-directeur adjoint, et le nombre de capitaines, de gardes d'artillerie chefs ouvriers d'état et d'ouvriers d'état jugés nécessaires.

Des sous-officiers et autres militaires des compagnies d'ouvriers d'artillerie peuvent également être employés dans le service des sous-directions des forges, pour seconder le personnel du service dans la surveillance et le contrôle des fabrications.

Il est, en outre, attaché à chaque sous-direction, suivant ses besoins, des secrétaires civils ou militaires, et des dessinateurs pour la tenue des écritures et des tables de construction.

CHAPITRE II.

DIRECTEUR DES FORGES.

FONCTIONS DU DIRECTEUR ET DE SON ADJOINT.

Attributions générales.

Art. 5. Le directeur reçoit, sous le couvert du général inspecteur permanent des fabrications de l'artillerie, les ordres du Ministre, les transmet dans les diverses sous-directions, veille à leur exécution et en rend compte à l'officier général précité.

---

(1) Voir annexe n° 1.

Il reçoit et centralise les rapports des sous-directeurs, il entretient avec eux, et au besoin avec les maîtres de forges, une correspondance suivie en vue de permettre à l'inspecteur des fabrications de l'artillerie de fournir au Ministre et au comité technique de l'artillerie tous les renseignements nécessaires.

Il étudie toute proposition qu'il croit avantageuse au service, relativement au personnel et à l'administration.

Il prépare les états, rapports, etc., prescrits par les règlements et instructions en vigueur. (Voir le tableau D annexé à la présente instruction.)

Il peut être appelé à faire partie des commissions du comité technique de l'artillerie chargées de traiter les questions se rattachant au service des forges.

La correspondance échangée par les établissements de l'artillerie avec le directeur des forges est adressée à ce dernier sous le couvert du général inspecteur permanent des fabrications de l'artillerie.

Tournées d'inspection.

Art. 6. Le directeur fait dans les forges les tournées ordonnées par le Ministre.

Indépendamment de ces missions, dont il rend un compte particulier, il fait des tournées dans les sous-directions des forges toutes les fois qu'il le juge nécessaire.

Il s'assure, sur les lieux, de la stricte exécution des règlements et des traités passés avec les maîtres de forges. Il examine si les procédés de fabrication sont convenables et conformes aux conditions des marchés ou soumissions; son attention se porte surtout sur les procédés nouveaux et les modifications proposées.

Il prend des notes sur la capacité, le zèle et la conduite des officiers et employés; enfin, il lève toutes les difficultés relatives au détail du service et de la fabrication, dans les cas prévus par les règlements et décisions ministérielles; s'il y a lieu de provoquer de nouvelles dispositions, il en réfère à l'inspecteur permanent des fabrications.

Capitaine adjoint à la direction des forges.

Capitaine adjoint à la direction des forges.

Art. 7. Le capitaine adjoint est chargé de tous les travaux de rédaction et d'administration qui lui sont confiés par le directeur et, en outre, de la conservation des archives, dont il est responsable. Il peut être chargé par le directeur de missions temporaires dans les usines.

CHAPITRE III.

SOUS-DIRECTIONS.

Fonctions du sous-directeur, des officiers et employés.

Sous-directeur.

Attributions générales.

Art. 8. Le sous-directeur a les droits et prérogatives d'un chef de service. Il reçoit les ordres du directeur des forges et lui rend compte de ceux qu'il peut avoir reçus directement du Ministre ou du commandement; il lui fournit tous les renseignements demandés et lui fait connaître les différentes propositions relatives au perfectionnement des fabrications; enfin, il lui soumet les difficultés qui peuvent se présenter dans les différentes parties du service.

Ses devoirs vis-à-vis du général commandant l'artillerie et de l'autorité militaire de la localité où le chef-lieu de la sous-direction est établi, sont ceux définis par les lois, décrets, règlements et décisions ministérielles en vigueur.

Devoirs spéciaux.

Art. 9. Le sous-directeur s'applique à acquérir la connaissance des mines, des bassins houillers, cours d'eau et usines situés dans sa sous-direction, ainsi que des moyens de transport par terre et par eau. Il dresse la liste des industriels susceptibles d'être appelés à la fourniture des commandes de l'artillerie. Il se tient au courant des progrès réalisés par l'industrie, des fabrications et installations nouvelles, des prix des matières premières et de la main-d'œuvre, ainsi que de ceux de vente dans le commerce des objets fabriqués; il rend compte au directeur des variations du marché métallurgique dans la région, et de toutes les questions industrielles intéressant le service de l'artillerie.

Transmission des commandes.

Art. 10. Le sous-directeur reçoit du directeur du service les états des commandes à exécuter, il en donne connaissance aux maîtres de forges et industriels qui peuvent y concourir.

Il a soin de leur communiquer les tracés et tables de construction relatifs aux objets à livrer, en y joignant, s'il est possible, des modèles, afin que les fournisseurs puissent avoir une idée

complète des matières, ferrures ou objets de matériel qui leur
sont demandés, et puissent établir ensuite avec précision l'outil-
lage qui leur sera nécessaire.

Il porte également à la connaissance de ces industriels les règlements intéressant l'exécution des commandes, les conditions
générales applicables à tous les marchés passés avec le service
des forges, les décisions et instructions pouvant les fixer sur les
obligations auxquelles ils sont tenus. Il enregistre toutes les propositions qui lui sont présentées, et en rend compte au directeur
en signalant les industriels qui offrent les conditions les plus
avantageuses pour l'Etat et qui présentent toute garantie pour la
bonne exécution des marchés.

Surveillance de la fabrication.

Art. 11. Le sous-directeur est chargé de la surveillance générale des fabrications et réceptions; il veille à la stricte exécution
des marchés.

Il résout ou provoque la solution des difficultés qui lui sont
signalées, et s'assure, par des visites fréquentes dans les usines,
de la vigilance du personnel du contrôle et de la bonne exécution
du service.

Tenue des feuillets du personnel.

Art. 12. Le sous-directeur tient les feuillets du personnel des
officiers et employés placés sous ses ordres. Il adresse au directeur des forges, tous les semestres, un bulletin de notes pour
chacun des officiers de sa sous-direction. Ce bulletin semestriel
indique l'aptitude de l'officier au service des forges et le degré
d'instruction acquise dans ce service.

Sous-directeur adjoint.

Fonctions du sous-directeur adjoint.

Art. 13. Le sous-directeur adjoint est l'auxiliaire du sous-directeur dans toutes les parties du service.

Il le remplace en cas d'absence ou de maladie, sauf en ce qui
concerne la tenue des feuillets du personnel.

Les fonctions du sous-directeur adjoint comprennent la surveillance de tout le travail d'écriture et d'administration au bu-
reau de la sous-direction.

Il fait, pour la tenue du compte de gestion, toutes les vérifications nécessaires dans les usines et au magasin du dépôt du
chef-lieu.

Il peut être envoyé en mission dans les usines par le sous-
directeur pour contrôler l'exécution du service. Il peut même
y être détaché momentanément pour la surveillance des fabrications et des réceptions.

Il est en outre spécialement chargé de compléter l'instruction des officiers nouvellement arrivés, à la suite du stage fait aux Forges du Centre, et de les suivre dans leur service afin de s'assurer de leurs aptitudes et de leurs progrès.

Il surveille également l'instruction des employés du service.

Capitaines adjoints.

Devoirs généraux.

Art. 14. Les capitaines détachés dans une sous-direction des forges résident :

1º Au chef-lieu, près du sous-directeur ;

2º Dans les usines dont ils doivent surveiller les fabrications, ou dans les lieux les plus rapprochés qui leur sont désignés.

Ces désignations sont faites par le sous-directeur suivant les besoins du service.

Les capitaines adjoints sont responsables de l'exécution du règlement et des conditions dans lesquelles s'exécutent les soumissions dans les opérations qui leur sont confiées.

Ils suppléent le sous-directeur et le sous-directeur adjoint dans les réceptions, dans le cas où ceux-ci ne peuvent y assister.

Recherches techniques et travaux de rédaction.

Art. 15. Indépendamment de la surveillance qu'ils doivent exercer sur toutes les parties du service dont ils sont chargés, les capitaines adjoints sont encore employés par le sous-directeur à faire toutes les recherches et épreuves ordonnées par le Ministre ou par l'inspecteur permanent des fabrications de l'artillerie; ils ont aussi à effectuer des travaux de rédaction, à former ou à compléter la collection des plans et dessins, à réunir, à classer et à rédiger les notes et descriptions propres à former une collection de documents sur le travail des forges.

Pour la fabrication des métaux, ils se renseignent sur la provenance des minerais, combustibles, matières premières à employer, et suivent leurs transformations successives de manière à s'assurer que la fabrication est conduite conformément aux règles fixées par l'artillerie.

Épreuves de réception.

Art. 16. Les officiers adjoints font exécuter sous leur direction les épreuves de réception conformément aux conditions imposées par les diverses notes de la direction des forges ou de l'inspection permanente des fabrications de l'artillerie et en tenant compte, en outre, des conditions particulières qui peuvent être insérées dans les cahiers des charges annexés aux marchés.

Autorité sur les employés militaires et hommes de troupe détachés
dans les usines.

Art. 17. Les officiers adjoints sont les chefs immédiats des gardes d'artillerie chefs ouvriers, des ouvriers d'état, ainsi que des sous-officiers et militaires des compagnies d'ouvriers détachés dans les usines dont ils ont la surveillance. Ce personnel de contrôleurs et d'aides-contrôleurs les seconde dans tous les détails du service ; mais il leur appartient de l'instruire, de le diriger et de se faire rendre compte immédiatement de tous les incidents qui peuvent se produire dans les usines.

Ces officiers fournissent au sous-directeur des notes sur la conduite, le zèle, l'intelligence et la manière de servir des contrôleurs et aides-contrôleurs. Ces notes sont communiquées au directeur aux époques fixées par lui.

Renseignements à fournir sur les progrès de l'industrie métallurgique.

Art. 18. Les officiers adjoints doivent de plus renseigner exactement le sous-directeur sur les fabrications ou installations nouvelles dans les usines, l'amélioration des procédés employés, les expériences en cours, les commandes intéressantes pour d'autres administrations, et d'une manière générale sur toutes les questions pouvant avoir quelque importance pour le service de l'artillerie.

Épreuves décennales des générateurs à vapeur des établissements de l'artillerie.

Art. 19. Un officier est désigné dans la sous-direction pour être chargé, si besoin est, des épreuves décennales des générateurs à vapeur des établissements de l'artillerie.

Employés du service des forges.

Fonctions des employés militaires.

Art. 20. Les gardes chefs ouvriers et ouvriers d'état employés comme contrôleurs du service des forges reçoivent les ordres du sous-directeur et des officiers adjoints pour toutes les opérations relatives au service du contrôle qui leur est attribué. Ils rendent compte aux officiers adjoints des ordres qu'ils auraient pu recevoir directement soit du directeur, soit du sous-directeur en tournée.

Ils sont chargés, sous la direction et la surveillance des officiers adjoints, d'examiner les fournitures présentées et d'exécuter toutes les épreuves et les vérifications prescrites pour les réceptions.

Responsabilité technique. — Poinçonnage.

Art. 21. Ils sont responsables de la bonne qualité et de l'exactitude des formes et des dimensions des objets qu'ils ont reçus, et appliquent leur poinçon d'acceptation sur ceux pouvant recevoir cette marque. Ils doivent prendre toutes les dispositions de prudence nécessaires pour éviter que le poinçon qui leur est confié puisse être employé par des mains étrangères.

Les produits rebutés sont, soit détériorés, soit déformés, soit marqués plusieurs fois du poinçon de rebut, de manière a ne plus pouvoir être présentés en recette.

Cas de refus de poinçonnage par l'employé militaire.

Art. 22. Les contrôleurs du service des forges, étant responsables, ne peuvent être contraints de mettre leur poinçon d'acceptation sur les produits qui ne leur paraissent pas d'un bon service.

Dans ce cas, le sous-directeur ou le sous-directeur adjoint, après examen et épreuves contradictoires, décide sur place de la réception de ces produits.

Le capitaine adjoint, détaché dans une usine, peut être autorisé par le sous-directeur, auquel il en réfère, à le remplacer en pareil cas.

Cas de réception directe par un officier d'artillerie.

Art. 23. Lorsque des produits sont ainsi reçus malgré leur avis, les contrôleurs du service des forges peuvent être dispensés de signer le certificat administratif constatant la réception.

Dans ce cas, le certificat doit faire mention des conditions particulières dans lesquelles la réception a eu lieu.

Devoirs des employés militaires.

Art. 24. Les employés du service des forges, détachés dans les usines, doivent exercer une surveillance active sur les travaux, faire de fréquentes vérifications des moules, modèles et instruments vérificateurs des maîtres de forges.

Dès le début d'une fabrication, ils font établir et poinçonner les gabarits et calibres nécessaires pour cette fabrication, font confectionner une pièce de chaque modèle aux dimensions aussi exactes que possible sans user des tolérances admises. Ils apposent deux fois leur poinçon d'acceptation sur cette pièce qui sert de type de fabrication et qui n'est expédiée qu'avec le solde du marché.

Ils sont responsables des objets mobiliers et de vérification appartenant à l'Etat qui leur sont confiés pour leur service. Ils tiennent note des observations et des remarques qu'ils ont été à même de faire concernant la fabrication, pour les porter à la connaissance des officiers sous les ordres desquels ils sont placés.

Art. 25. A défaut d'officiers chargés de la surveillance dans une usine, c'est le plus élevé en grade, ou le plus ancien en grade des employés, qui y dirige le service des forges. Il correspond avec le sous-directeur et le tient au courant de la marche des commandes dont l'exécution lui reste confiée.

Agent comptable du matériel.

Art. 26. Dans chaque sous-direction un garde chef ouvrier du service des forges remplit les fonctions d'agent comptable du matériel et en tient les écritures conformément au règlement sur la comptabilité des matières.

Il est, en outre, employé au service des réceptions et aux travaux d'écritures dont peut le charger le sous-directeur.

Poinçons rendus par les contrôleurs des forges en cas de départ.

Art. 27. Les poinçons des contrôleurs des forges qui cessent leurs fonctions et changent de sous-direction doivent être rendus à la sous-direction qui les a fournis.

CHAPITRE IV.

MODE D'ADMISSION AUX EMPLOIS DE GARDES CHEFS OUVRIERS ET OUVRIERS D'ÉTAT DU SERVICE DES FORGES.

Recrutement des gardes chefs ouvriers.

Art. 28. Les gardes chefs ouvriers du service des forges sont choisis autant que possible parmi les ouvriers d'état de 1re ou de 2e classe du même service reconnus les plus capables et inscrits sur le tableau d'avancement des employés de l'artillerie pour le grade de garde d'artillerie chef ouvrier.

Recrutement des ouvriers d'état admis dans le service.

Art. 29. Les ouvriers d'état du service des forges sont également choisis de préférence parmi les maréchaux des logis de la profession d'ouvriers en fer d'une compagnie d'ouvriers d'artillerie, étant ou ayant été employés dans une sous-direction des forges et inscrits au tableau d'avancement pour l'emploi d'ouvrier d'état.

Sous-officiers admis dans le service.

Art. 30. Les maréchaux des logis de compagnies d'ouvriers d'artillerie détachés dans les sous-directions ne remplissent les fonctions de contrôleurs que lorsqu'ils ont été reconnus aptes à ce service.

Renvoi aux compagnies d'ouvriers des sous-officiers inaptes au service.

Art. 31. Si, après avoir été employé un certain temps dans les forges, un sous-officier de compagnie d'ouvriers est reconnu n'avoir pas l'aptitude nécessaire pour ce service, il est proposé au Ministre par le directeur des forges pour rentrer à sa compagnie.

Fonctions des brigadiers et ouvriers de compagnies.

Art. 32. Les brigadiers, maîtres ouvriers et ouvriers de compagnies d'ouvriers ne peuvent, en principe, être employés qu'à titre d'aide-contrôleur. Exceptionnellement, des maîtres ouvriers et ouvriers commissionnés peuvent être appelés à suppléer temporairement des contrôleurs, si le sous-directeur juge qu'ils sont susceptibles d'être chargés de ces fonctions; ils sont alors pourvus d'un poinçon spécial.

TITRE II.

INSTRUCTION SPÉCIALE DES OFFICIERS ET EMPLOYÉS DU SERVICE DES FORGES.

Officiers.

Stage au chef-lieu de la sous-direction des Forges du Centre.

Art. 33. Les officiers proposés pour être employés dans le service des forges sont réunis, chaque année, au chef-lieu de la sous-direction dés Forges du Centre pour y accomplir un stage préliminaire d'une durée fixée par le Ministre.

Leur instruction est dirigée de telle sorte que, dès leur arrivée dans les sous-directions où ils sont classés, ils soient en mesure de remplir les différentes fonctions auxquelles ils peuvent être appelés dans les usines.

A cet effet, ils suivent des instructions théoriques et pratiques d'après un programme établi par le directeur des forges et soumis à l'approbation du Ministre.

Instruction théorique et pratique. — Classement des stagiaires.

Art. 34. L'instruction théorique leur est donnée en conférences faites d'abord à la sous-direction des Forges du Centre, et ensuite pendant les visites dans les diverses usines.

En outre des principales usines privées, les officiers stagiaires visitent un certain nombre d'établissements militaires; l'autorisation nécessaire est demandée chaque année au Ministre.

L'instruction pratique consiste à envoyer ces officiers vers la fin du stage et pendant environ trois semaines dans des usines où s'exécutent des commandes, pour diriger, sous la surveillance des capitaines déjà détachés dans ces usines, toutes les épreuves de réception, faire toutes les écritures du service, et s'occuper des formalités relatives aux expéditions.

A la fin du stage, le classement par ordre de mérite et les notes des officiers stagiaires sont adressés au directeur des forges, qui propose au Ministre la répartition entre les diverses sous-directions de ceux de ces officiers qui ont fait preuve d'aptitude pour le service.

Instruction au chef-lieu de la sous-direction.

Art. 35. A leur arrivée au chef-lieu de la sous-direction à laquelle ils sont affectés, les officiers sont mis au courant par les soins du sous-directeur et du sous-directeur adjoint des particularités du service dans la sous-direction, et reçoivent des renseignements détaillés sur les usines qui exécutent habituellement des commandes pour l'artillerie et sur les produits qu'elles fabriquent.

Ces officiers prennent également connaissance des mémoires et des notes ayant trait à ces usines et aux industries qui s'y exercent.

Prise du service.

Art. 36. Les officiers adjoints se rendent ensuite dans les usines dont ils auront spécialement la surveillance; ils sont envoyés, autant que possible, trois semaines avant le départ des capitaines qu'ils sont chargés de remplacer et qui leur font la remise du service.

Roulement entre les diverses branches du service.

Art. 37. Lorsque, par la nature des produits, les procédés de fabrication ou la disposition des établissements dans une sous-direction, le service est divisé en plusieurs branches distinctes, le sous-directeur a soin, autant que possible, de faire passer successivement chaque officier dans chacune de ces divisions.

Rapports de détail et d'ensemble sur les branches du service.

Art. 38. A moins que quelque circonstance ne s'y oppose, nul officier ne peut passer d'une division du service à une autre, sans avoir été jugé par le sous-directeur suffisamment instruit dans celle où il a été employé.

A cet effet, le sous-directeur exige de chaque officier, avant de le faire changer de branche de service, ou, s'il le juge convenable, avant d'autoriser sa rentrée au chef-lieu, un rapport dans lequel il présente l'exposé des travaux qu'il a suivis, et où il entre dans des détails propres à indiquer s'il a bien saisi la suite de l'ensemble des opérations, et s'il a remarqué tout ce que les procédés et les machines en usage peuvent avoir de particulier.

Le sous-directeur rend compte au directeur des déplacements.

des officiers, et il informe le commandant du corps d'armée sur le territoire duquel ces officiers sont envoyés.

Lorsqu'un officier a parcouru toutes les divisions du service dans une sous-direction, il peut être appelé à rédiger sur l'ensemble un mémoire analogue aux rapports partiels spécifiés ci-dessus.

Note sur le personnel en sous-ordre.

Art. 39. L'officier détaché doit toujours se tenir en état de fournir au sous-directeur les notes qui pourraient lui être demandées sur le zèle, l'intelligence, la capacité et la conduite des employés placés sous ses ordres.

Conférences au chef-lieu de la sous-direction.

Art. 40. Lorsque plusieurs officiers résident au chef-lieu de la sous-direction, il peut être tenu des conférences sur des questions intéressant le service des forges et présidées par le sous-directeur et, en son absence ou en cas d'indisponibilité, par le sous-directeur adjoint.

Un officier désigné par le président remplit les fonctions de secrétaire-rédacteur.

Registre résumé des rapports techniques des officiers.

Art. 41. Les rapports et mémoires faits par les officiers sont examinés avec soin et annotés par le sous-directeur, qui présente chaque année ces travaux à l'inspecteur permanent des fabrications de l'artillerie.

Dans le cas où les conférences visées à l'article précédent ne peuvent avoir lieu, les travaux des officiers sont communiqués aux autres officiers de la sous-direction avec les observations du sous-directeur ou la critique des conclusions émises ; un résumé en est fait sur un registre tenu au chef-lieu de la sous-direction.

Liste annuelle des rapports et mémoires de la sous-direction.

Art. 42. La liste des rapports et mémoires faits pendant l'année écoulée, par les officiers détaches dans les usines, est adressée le 31 janvier de chaque année à la direction des forges avec les notes du sous-directeur sur chacun de ces travaux. Les mémoires et rapports présentant un intérêt spécial sont particulièrement signalés.

Durée normale des fonctions d'adjoint.

Art. 43. En principe, les officiers restent pendant trois ans dans les fonctions d'adjoints au service des forges ; ils peuvent y être maintenus une ou plusieurs années de plus, s'il y a intérêt au point de vue du service ou si des motifs particuliers justifient cette mesure.

Envoi dans une autre sous-direction.

Art. 44. Lorsqu'un capitaine adjoint se fait remarquer par son zèle et son aptitude pour le service des forges, il peut, après un temps suffisamment passé dans une sous-direction, être proposé au Ministre, sur la demande du directeur des forges, pour être classé dans une autre sous-direction, à l'effet de compléter son instruction sur les forges, et de faire ainsi un stage pour l'emploi de sous-directeur adjoint.

Envoi des officiers dans les établissements de l'artillerie.

Art. 45. Le directeur des forges soumet des propositions au Ministre au sujet des établissements ou services de l'artillerie dans lesquels il lui semble préférable de classer les capitaines du service des forges après leur temps de séjour dans ce service.

Déclassement éventuel d'un officier du service des forges.

Art. 46. Le sous-directeur demande le déclassement anticipé d'un officier du service des forges dans les cas suivants :

1º Lorsqu'il montre, en général, une insouciance marquée ou un défaut absolu d'aptitude pour le service des forges ;

2º Lorsque des écarts de conduite font juger qu'il doit être soumis à une surveillance plus suivie, à une discipline plus sévère que ne le comporte le service de détachement habituel dans les usines.

Ces demandes sont adressées au directeur des forges qui, s'il le juge convenable, les transmet au Ministre avec ses observations.

Mise en non-activité ou réforme.

Art. 47. Les demandes de réforme, de non-activité, etc., sont instruites conformément aux dispositions réglementaires en vigueur.

**Instruction des gardes chefs ouvriers et ouvriers d'état
nouvellement nommés.**

Instruction préliminaire au chef-lieu.

Art. 48. Les gardes chefs ouvriers et les ouvriers d'état nouvellement admis dans le service des forges sont, autant que possible, placés à leur arrivée au chef-lieu de la sous-direction, sous la direction du sous-directeur adjoint, pour recevoir une instruction préparatoire administrative et technique sur leurs fonctions et leurs devoirs dans les usines.

La lecture des tracés, la construction et l'usage des instruments vérificateurs, ainsi que la connaissance des métaux, de leur em-

ploi, et des épreuves à leur faire subir leur sont particulièrement
enseignés.

Ils doivent en outre être mis en état de satisfaire au travail de
comptabilité et de correspondance que l'on peut demander à un
contrôleur détaché.

Envoi dans les usines.

Art. 49. Des réceptions doivent, s'il est possible, leur être confiées au chef-lieu de la sous-direction ou à proximité avant de les
détacher.

Ils sont envoyés ensuite dans les usines où ils complètent leur
instruction auprès d'un employé du service des forges au courant
des fabrications et réceptions, et ce n'est que lorsque leur instruction a été jugée suffisante par le sous-directeur qu'ils peuvent
exercer les fonctions de contrôleurs des forges, et être mis en
possession d'un poinçon de réception.

Renseignements fournis par l'officier surveillant.

Art. 50. Tous les employés reçoivent de l'officier, sous les
ordres duquel ils se trouvent détachés dans une usine, tous les
renseignements concernant les fabrications qu'ils ont à contrôler.

Copies de la désignation des objets à fournir et des clauses des
soumissions doivent être prises par ceux chargés des réceptions
et expéditions.

Responsabilité de la garde du matériel et des archives.

Art. 51. Ils sont responsables, sous la direction des officiers
sous les ordres desquels ils sont placés, des archives, instruments
et collections divers à conserver et à entretenir dans les locaux
mis à la disposition du service des forges de l'artillerie dans les
usines où ils sont détachés.

TITRE III.

ADMINISTRATION.

CHAPITRE Ier.

OBSERVATIONS GÉNÉRALES.

Organisation administrative.

Art. 52. L'organisation des sous-directions des forges ne comporte pas de conseil d'administration. Le sous-directeur est le
chef de l'administration de la sous-direction.

CHAPITRE II.

BUREAUX, BIBLIOTHÈQUES, ARCHIVES, INSTRUMENTS VÉRIFICATEURS, COLLECTIONS.

Locaux de la sous-direction.

Art. 53. Au chef-lieu de chaque sous-direction, des locaux sont aménagés pour servir de bureaux aux officiers et employés ainsi que pour l'installation d'une bibliothèque, des archives, des modèles et instruments vérificateurs, et d'une collection de minerais et métaux.

Fourniture des locaux aux frais de l'État.

Art. 54. Ces différents locaux sont fournis par l'Etat, ou loués à ses frais suivant une autorisation spéciale. Le mobilier est toujours fourni par l'Etat.

Baux établis par le sous-directeur.

Art. 55. En cas de location, les baux sont établis par les soins du sous-directeur et adressés au directeur des forges, qui les soumet à l'approbation du Ministre.

Composition de la bibliothèque.

Art. 56. La bibliothèque est composée principalement d'ouvrages sur l'artillerie, sur les sciences et les arts et métiers ayant rapport au service des forges ; de recueils administratifs, de règlements, instructions, etc.

Ces ouvrages peuvent être temporairement prêtés aux officiers et employés.

Composition des archives.

Art. 57. Les archives comprennent :

1º Les tables de construction et les dessins du matériel de l'artillerie pouvant être mis en commande ainsi que les notes lithographiées ou manuscrites établies à la direction et adressées aux différentes sous-directions comme renseignements sur les fabrications;

2º Les notes et les mémoires sur les fabrications fournis par les officiers et employés de la sous-direction ;

3º Les circulaires, décisions, registres, états, ainsi que la correspondance, les minutes des marchés et certificats administratifs.

Composition de la collection des minerais et métaux.

Art. 58. La collection des minerais et métaux doit offrir la réunion de tous les échantillons qui peuvent présenter quelque intérêt pour le service des forges dans la circonscription de la sous-direction.

Elle est constituée par des échantillons fournis par les industriels et permettant de comparer non seulement les produits de diverses usines, mais encore les produits d'une même usine à des époques différentes.

Catalogues méthodiques.

Art. 59. Il est tenu des catalogues méthodiques et descriptifs de tous les objets dont se composent la bibliothèque, les archives et les collections.

Collection des modèles-types.

Art. 60. La collection des modèles-types, les instruments de vérification et de réception sont, en géneral, fabriqués à l'atelier de précision de la section technique de l'artillerie, et portent le poinçon de cet établissement.

Ils sont envoyés dans les diverses sous-directions d'après les ordres du Ministre.

Entretien des instruments vérificateurs.

Art. 61. Les modèles et instruments de vérification et de réception doivent toujours être entretenus en parfait état de propreté par les employés et être souvent vérifiés avec des instruments construits à cet effet par l'atelier de précision.

Poinçons des employés contrôleurs des réceptions.

Art. 62. Les contrôleurs chargés des réceptions sont pourvus d'un nombre de poinçons déterminé par le sous-directeur.

Ils ne doivent jamais se dessaisir de ces instruments.

Les poinçons usés ou détériorés ne doivent pas être réparés, ils sont renvoyés à la sous-direction pour être remplacés.

Inventaires des instruments et documents remis à chaque officier et employé.

Art. 63. Il est établi des inventaires constamment tenus à jour des documents et instruments mis à la disposition de chaque officier et de chaque employé.

Objets à réformer.

Art. 64. Le sous-directeur propose chaque année, à l'inspecteur permanent des fabrications de l'artillerie, les objets à réformer.

Il adresse au directeur des forges, quand il y a lieu, des demandes d'instruments vérificateurs, de documents et objets nécessaires pour l'exécution du service ou l'instruction des officiers.

CHAPITRE III.

COMPTABILITÉ-MATIÈRES.

Règle générale.

Art. 65. Les sous-directions des forges sont soumises à toutes les prescriptions ministérielles concernant la comptabilité des matières appartenant au département de la guerre.

Observation des règlements en vigueur.

Art. 66. Pour la tenue du compte de gestion et autres registres, la rédaction et l'envoi des diverses pièces comptables et états, etc., les sous-directeurs se conforment aux règlements et instructions en vigueur, ainsi qu'aux décisions et circulaires ministérielles.

Objets compris dans le compte-matières de la sous-direction.

Art. 67. La comptabilité-matières des sous-directions ne comprend que les objets qui leur appartiennent en propre, tels que le mobilier, les appareils d'épreuves, les modèles et instruments vérificateurs, les cartes et dessins, la bibliothèque, etc.

Les objets fabriqués dans les forges et usines pour le compte de l'Etat par les industriels n'en font pas partie ; dès leur réception, ils sont expédiés de l'usine productrice aux établissements destinataires qui doivent les prendre directement en charge.

CHAPITRE IV.

COMPTABILITÉ-FINANCES.

Objet de la comptabilité-finances.

Art. 68. La comptabilité-finances des sous-directions ne comprend que les dépenses qui leur sont propres.

Elle ne comporte ni la solde des officiers et employés, ni le payement des objets fabriqués dans les usines pour le compte des divers établissements de l'artillerie.

Il est tenu toutefois pour ces commandes, dans chaque sous-direction, un registre particulier (modèle n° 1) portant l'inscription des soumissions et certificats de réception, des opérations administratives se rapportant à l'exécution des marchés et des mandats de payement délivrés, ainsi qu'il est dit plus loin, pour le règlement de chaque commande.

Payement des dépenses par un établissement d'artillerie.

Art. 69. Les sous-directeurs des forges n'étant pas ordonnateurs secondaires, les diverses dépenses en main-d'œuvre et en matières sont payées par un établissement d'artillerie désigné par le Ministre.

Dépenses propres aux sous-directions des forges.

Art. 70. Les dépenses propres aux sous-directions sont les suivantes :

§ 1° Frais de location des bureaux et des salles diverses, quand ces locaux ne sont pas fournis par l'Etat.

Dépenses autres que celles signalées au paragraphe 2° suivant, occasionnées par les visites et épreuves des générateurs à vapeur.

Gratifications accordées pour travaux extraordinaires aux ouvriers d'état, aux aides-contrôleurs, aux employés civils, etc. Frais d'entretien du matériel, achats de timbres, de registres, frais de reliure et autres, soumis à l'autorisation ministérielle.

§ 2° Indemnités de déplacement et de séjour dans les usines pour les officiers, employés et militaires des compagnies d'ouvriers d'artillerie détachés dans le service des forges.

Établissement des états de prévision.

Art. 71. Les sous-directeurs se conforment, pour les divers états de prévision qui correspondent aux dépenses du paragraphe 1° de l'article précédent, ainsi que pour les achats ou travaux imprévus nécessitant des engagements immédiats par suite de cas de force majeure, aux règles générales suivies pour les établissements de l'artillerie.

Payement des indemnités de déplacement et de séjour dues aux officiers, employés et militaires des compagnies d'ouvriers d'artillerie détachés dans le service des forges.

Art. 72. Les indemnités de déplacement et de séjour dans les usines visées au § 2° de l'article 70 sont payées aux officiers, employés et militaires des compagnies d'ouvriers d'artillerie détachés dans le service des forges conformément aux dispositions du règlement sur le service des frais de route.

Transmissions au Ministre.

Art. 73. Le directeur des forges reçoit en quatre expéditions tous les états de prévision établis par les sous-directeurs (1).

---

(1) Les demandes de gratifications faites à l'inspection générale en faveur des ouvriers d'état, aides-contrôleurs, employés civils, etc., pour travaux extraordinaires, donnent également lieu à l'établissement d'états de prévision.

Après les avoir examinés et visés, il adresse les trois premières expéditions au Ministre et garde la quatrième dans ses archives.

Lorsque les approbations sont données, le Ministre renvoie, par l'intermédiaire du directeur des forges, la première expédition à la sous-direction, et adresse directement la seconde au directeur de l'établissement chargé du service des payements; la troisième est conservée à l'administration centrale.

État de prévision annuel pour l'entretien du matériel.

Art. 74. L'état de prévision annuel pour l'entretien du matériel et les frais divers est établi le 15 octobre de chaque année, conformément aux dispositions qui précèdent.

Envoi de pièces aux ordonnateurs secondaires.

Art. 75. Les sous-directeurs adressent en temps utile aux ordonnateurs secondaires chargés des payements, les pièces justificatives des dépenses.

CHAPITRE V.

COMMANDES.

Établissement des commandes.

Art. 76. Les divers établissements de l'artillerie envoient au Ministre, dans les formes réglementaires, les demandes décomptées de métaux à se procurer par l'intermédiaire du service des forges, pour satisfaire aux commandes ministérielles ou pour l'exécution en règle des travaux de bâtiment dont les devis ont été approuvés.

D'après les demandes, le Ministre prescrit au directeur des forges de faire passer les marchés ou de procéder aux achats reconnus nécessaires (1).

Dès que les marchés ont été passés, le directeur des forges en avise les établissements destinataires en leur faisant parvenir un état indiquant les sous-directions où les objets sont fabriqués et les dates de livraison.

Les établissements se mettent en relation avec le sous-directeur des forges chargé de surveiller l'exécution des commandes et

---

(1) A chaque ordre ministériel ne correspond pas nécessairement un marché distinct. Le directeur des forges peut, s'il le juge utile, réunir pour un seul marché des commandes d'objets ou de matières semblables, ordonnées par le Ministre à des dates différentes.

De même, si les délais de livraison l'imposent, il peut scinder entre plusieurs marchés la commande d'ensemble ainsi obtenue, sans que la répartition qui en résulte concorde avec les commandes partielles ordonnées séparément par le Ministre.

correspondent directement avec lui pour tout ce qui concerne l'exécution des commandes.

Classement des commandes.

Art. 77. Le sous-directeur tient un registre des commandes (modèle n° 1) et assigne un numéro d'ordre annuel à chacune d'elles.

Préparation des marchés.

Art. 78. Pour la préparation, la passation et l'exécution des marchés, le sous-directeur se conforme à la réglementation en vigueur dont il constitue dans ses archives un dossier spécial constamment tenu à jour.

En vue des marchés à passer avec concours restreint, chaque sous-directeur tient à jour une liste de tous les industriels de sa circonscription, aptes à fournir les métaux et objets fabriqués nécessaires à l'artillerie, avec indication de leurs diverses spécialités de production.

Des prix pour les fournitures à exécuter sont demandés aux diverses sous-directions.

Chaque industriel reçoit du sous-directeur tous les renseignements nécessaires à une exacte connaissance de la commande mise au concours.

Les commandes de peu d'importance sont réparties, d'après les prix courants des usines, s'il s'agit de matières premières, ou confiées à la sous-direction qui exécute ordinairement des commandes semblables, s'il s'agit d'objets fabriqués.

En cas d'urgence, si l'importance de la commande semble entraîner des délais trop considérables, eu égard à la capacité de production de l'industriel auquel elle serait confiée, la commande est fractionnée entre lui et plusieurs autres producteurs ayant donné les prix les moins élevés (frais de transport compris), de manière qu'elle soit terminée dans les délais voulus.

Les soumissions sont établies sur des formules adressées à chacun des industriels appelés à concourir.

Le modèle de ces formules est arrêté par le général inspecteur permanent des fabrications de l'artillerie.

Les soumissions sont envoyées sous pli cacheté aux sous-directeurs des forges, qui en accusent réception sans délai.

Elles sont dépouillées à Paris, au siège de la direction des forges, par une commission composée de trois officiers d'artillerie dont l'un est directeur des forges et les deux autres sont désignés par le Ministre.

La commande est attribuée à l'industriel dont le prix, majoré des frais de transport, est le moins élevé.

L'opération est constatée par un procès-verbal dressé en deux expéditions dont l'un est adressé le jour même au Ministre et l'autre conservé aux archives de la direction des forges.

Dispositions spéciales aux marchés par conversion.

Art. 79. Pour les marchés par conversion, les soumissions indiquent la valeur attribuée aux vieilles matières qui est leur valeur vénale dans la place où elles se trouvent, leur nature, leur poids et leur emplacement, ainsi que le coefficient de conversion du marché (poids des vieux métaux correspondant à 100 kilogr. d'objets neufs à fournir); elles indiquent aussi les délais fixés pour leur enlèvement, qui est fait par les soins et aux frais du fournisseur.

Réserve de vieux métaux.

Art. 80. Dans le but d'assurer l'exacte exécution des marchés par conversion, les établissements ne pourront, en aucun cas, consommer directement dans les ateliers celles des vieilles matières signalées comme disponibles à la colonne 2 des états prévus par l'article 99 de la présente instruction.

Mode de remboursement des vieilles matières par le fournisseur.

Art. 81. Il doit être mentionné au marché que le payement des vieilles matières à délivrer au fournisseur fera l'objet de retenues sur les mandats à établir à son profit. Le fournisseur est tenu, de plus, de déposer un cautionnement représentant la valeur des vieilles matières qui doivent lui être délivrées.

Rédaction et approbation des marchés.

Art. 82. Les marchés sont rédigés en cinq expéditions (en sept si les payements doivent être effectués sur deux exercices financiers).

Quand les expéditions ont été signées par le sous-directeur des forges, le fournisseur et sa caution, s'il y a lieu, elles sont adressées au sous-directeur des forges, qui les soumet à l'approbation du Ministre ou bien les approuve lui-même s'il a reçu une délégation spéciale.

Une minute du marché reste dans les archives de la sous-direction.

Lorsque l'approbation ministérielle a été donnée, le sous-directeur reçoit, par l'intermédiaire du directeur des forges, les expéditions du marché, il transmet la deuxième expédition [au fournisseur en lui notifiant l'approbation.

Le titulaire du marché fait timbrer et enregistrer à ses frais l'expédition qu'il reçoit.

Mention de ces formalités est portée sur les autres expéditions, qui reçoivent de plus l'inscription de la date de la notification.

La deuxième expédition reste entre les mains de l'industriel, les première et troisième sont envoyées au directeur des forges qui conserve la troisième et fait parvenir la première au Ministre (sous le timbre de la section intéressée); les quatrième et cinquième sont adressées à l'ordonnateur secondaire au moment de la remise des pièces concernant le payement (1).

En cas de payement sur deux exercices différents, les sixième et septième expéditions reçoivent la même destination que les quatrième et cinquième du précédent alinéa.

Formalités pour les achats sur facture.

Art. 83. Pour tous les achats payables sur facture, une lettre de commande constatant le détail des objets à fournir et les conditions imposées est adressée par le sous-directeur au fournisseur, qui en accuse réception et déclare accepter la commande.

Le sous-directeur fait ensuite connaître le plus tôt possible au directeur des forges le nom du fournisseur, le détail des objets mis en commande, le montant de la fourniture et les délais dans lesquels elle doit être livrée.

Conventions additionnelles aux marchés.

Art. 84. Les modifications qu'exceptionnellement il pourrait y avoir lieu d'apporter à des marchés en cours d'exécution font l'objet de conventions additionnelles établies exactement dans les formes indiquées pour les marchés, et soumises aux mêmes formalités.

État mensuel des marchés.

Art. 85. Le directeur des forges adresse au Ministre, du 1er au 5 de chaque mois, un état des marchés passés au cours du mois écoulé.

Expéditions des produits fabriqués.

Art. 86. Les expéditions aux établissements destinataires des produits fabriqués dans les usines pour le compte du service des forges sont faites aux frais de l'État par les transports de la guerre.

Le contrôleur du service des forges qui a procédé à la visite et à la réception des objets à expédier est chargé de leur expédition ; il se conforme, à cet effet, aux dispositions du règlement sur les transports de la guerre.

Délivrance des ordres de transport.

Art. 87. S'il s'agit d'une usine située dans une place de guerre ou une ville de garnison, l'officier du service des forges qui a la surveillance de la commande adresse une demande d'ordre de transport au fonctionnaire de l'intendance chargé de ce service ou à son suppléant militaire légal.

---

(1) Dans le cas où le payement serait fractionné par acomptes, les expéditions des marchés sont adressées à l'ordonnateur secondaire assez à temps pour permettre la constitution du dossier du premier acompte.

Pour les usines situées dans les localités où il n'y a pas de garnison, l'officier du service des forges a qualité pour délivrer lui-même des ordres de transport.

Il reçoit à cet effet, du sous-intendant militaire de la région, un registre d'ordres de transport et un registre H parafés à l'avance, pour chaque section du budget. Il est tenu vis-à-vis de ce fonctionnaire à toutes les justifications habituelles pour l'emploi de ces imprimés; il fait passer par son intermédiaire les avis d'expéditions qui doivent parvenir aux établissements destinataires.

État des objets expédiés.

Art. 88. Lorsqu'une expédition de produits fabriqués par une usine a été faite, l'officier chargé de la surveillance de cette usine établit immédiatement un état des objets expédiés (modèle n° 2) et le transmet au sous-directeur des forges. Ce dernier fait parvenir sans retard cette pièce à l'établissement destinataire.

Certificat administratif.

Art. 89. Quand les objets portés sur un marché, ou ayant donné lieu à un achat sur facture, ont été examinés, éprouvés, et que la réception en a été prononcée par le personnel du service des forges, le sous-directeur fait établir la minute du certificat administratif de réception, qui est signée par l'officier et l'employé présents, ainsi que par le titulaire du marché. Cette minute reste aux archives de la sous-direction.

Spécialisation par rubriques et exercices.

Art. 90. Quand la dépense relative à un marché est imputable à deux exercices budgétaires ou à deux chapitres différents du même exercice, il doit être établi des certificats administratifs distincts pour les objets afférents à chaque exercice ou à chaque chapitre, et il est fourni deux factures spéciales pour la dépense correspondante à chaque exercice ou à chaque chapitre.

Certificat de fin de commande.

Art. 91. Le certificat administratif de fin de commande établi à la suite d'un marché par conversion, porte, à la quatrième page, un tableau donnant le résultat de la conversion.

Extraits envoyés aux établissements destinataires.

Art. 92. En même temps qu'il adresse au directeur des forges les certificats administratifs de réception, le sous-directeur envoie au directeur de chaque établissement réceptionnaire deux extraits certifiés conformes de ce certificat.

Le deuxième extrait portant prise en charge est renvoyé au

sous-directeur par l'établissement réceptionnaire pour servir au payement de la créance du fournisseur.

Le premier extrait reste à l'appui de la comptabilité-matières dudit établissement, qui reçoit du sous-directeur des forges les indications nécessaires pour y porter la preuve du payement.

Cas de plusieurs places comprises sur un même certificat.

Art. 93. Lorsqu'une fourniture est répartie entre plusieurs places, le certificat administratif fait ressortir sous des rubriques distinctes les lots afférents à chaque établissement destinataire.

Cas de livraisons partielles.

Art. 94. Lorsque la fourniture totale d'un marché donne lieu à plusieurs livraisons partielles, chaque expédition ne comporte pas nécessairement l'établissement d'un certificat administratif d'acompte.

Le sous-directeur peut ne faire établir, à la fin de chaque mois, qu'un seul certificat administratif d'acompte qui comprend tous les objets livrés dans le mois écoulé pour la même commande.

Payements.

Art. 95. Les payements sont faits au moyen de mandats émis par des ordonnateurs secondaires du service de l'artillerie désignés, pour chaque sous-direction, par le Ministre.

Les créances qui seraient payables sur la caisse du caissier-payeur central du Trésor public, à Paris, donnent lieu à des mandats établis par le directeur d'artillerie à Vincennes.

Les sous-directeurs des forges établissent les dossiers de payement qu'ils transmettent aux ordonnateurs secondaires désignés.

Ceux-ci émettent les mandats et justifient les dépenses dans leur état de liquidation trimestrielle.

Payement unique ou pour solde.

Art. 96. Le sous-directeur adresse :

1° Au directeur des forges, une expédition de la minute du certificat administratif de réception certifié conforme ;

2° A l'ordonnateur secondaire :

a) Une seconde expédition de ce certificat ;

b) Le certificat de réalisation de cautionnement s'il y a lieu ;

c) Les duplicata des factures de livraison des vieilles matières pour les marchés par conversion ;

d) Deux expéditions de la facture du fournisseur (dont une sur timbre) (1) ;

---

(1) Les factures comprennent l'ensemble des fournitures faites ; elles doivent mentionner les payements et imputations selon le mode prescrit par le modèle de la facture n° 2 de l'instruction du 23 décembre 1888.

e) Les divers extraits du certificat revêtus de la prise en charge des établissements réceptionnaires ;

f) Un relevé récapitulatif de ces extraits ;

g) Deux expéditions du marché, si un marché a été passé. (Voir art. 82.)

Le certificat administratif reste dans les archives de l'ordonnateur secondaire ; la facture sur papier libre et une des expéditions du marché sont destinées à appuyer la comptabilité trimestrielle dudit ordonnateur ; les autres pièces sont destinées à appuyer le mandat de payement.

Dans le cas où des pénalités auraient été encourues, le sous-directeur adresse au directeur des forges deux expéditions d'un tableau de décompte de ces pénalités (1) ; la première de ces expéditions mentionne les motifs d'exonération présentés par l'intéressé, sur la communication qui a dû lui être faite du décompte, ainsi que l'avis du sous-directeur sur l'application desdites pénalités.

Le directeur transmet le dossier de l'affaire au Ministre, qui statue.

La deuxième expédition du décompte, ainsi qu'un extrait de la décision ministérielle fixant la pénalité, sont adressés, par l'intermédiaire du directeur des forges, au sous-directeur, qui les fait parvenir en temps utile à l'ordonnateur secondaire.

Payement des acomptes.

Art. 97. Lorsqu'il y a lieu à payements d'acomptes, le sous-directeur adresse à l'ordonnateur secondaire un certificat administratif de réception, les extraits de ce certificat avec leur relevé récapitulatif, et deux expéditions du marché. (Voir le renvoi (1) de l'art. 82.)

L'ordonnateur secondaire établit alors le décompte modèle n° 8 du règlement du 3 avril 1869.

État mensuel des dépenses engagées.

Art. 98. Chaque mois, les sous-directeurs adressent au directeur des forges une situation faisant ressortir le montant des dépenses engagées ou à engager pour marchés ou achats sur facture pour l'exécution des commandes faites dans leur sous-direction au titre de l'exercice en cours et indiquant la valeur des vieilles matières qui ont été cédées aux fournisseurs ; valeur à déduire de ce montant.

Le directeur des forges adresse également chaque mois au Mi-

---

(1) Les propositions de pénalités ne sont établies, en même temps que les pièces de payement d'acomptes, que dans des cas exceptionnels dont le directeur des forges est juge pour la garantie de l'Etat.

nistre une situation semblable (modèle n° 3) pour l'ensemble des sous-directions.

Utilisation des vieilles matières.

Art. 99. A la fin de chaque trimestre, les établissements de l'artillerie adressent au Ministre trois expéditions d'un état des vieilles matières disponibles.

Cet état comporte à la première colonne les vieux métaux destinés à être utilisés directement dans les ateliers, et à la deuxième colonne ceux disponibles pour le service des forges en vue de marchés à passer par conversion.

Deux expéditions de ces états sont transmises par le Ministre au directeur des forges, qui les centralise et qui choisit parmi les disponibles les vieilles matières qu'il convient d'utiliser dans les marchés à passer, d'après les ordres ministériels.

Le directeur des forges adresse au Ministre un rapport annuel sur l'emploi des vieilles matières, à l'appui des états visés à l'article 104.

Délivrance des vieilles matières.

Art. 100. Pour chaque marché par conversion, l'inspecteur permanent des fabrications de l'artillerie donne directement ordre aux établissements intéressés de délivrer les vieilles matières.

Le soumissionnaire du marché ne prend livraison de ces vieilles matières que lorsqu'il a réalisé son cautionnement.

Le sous-directeur, prévenu, par le directeur des forges, que l'ordre de délivrance a été donné, avise les directeurs des établissements du versement du cautionnement et leur indique les prix auxquels les vieilles matières sont cédées.

Constatation des livraisons des vieilles matières.

Art. 101. Dès l'enlèvement de ces dernières, les directeurs des établissements adressent au sous-directeur des forges l'original et un duplicata de la facture de livraison.

Le sous-directeur réclame le récépissé de l'entrepreneur (1) sur ces deux pièces, il vise lui-même ou fait viser les factures par l'officier chargé de la surveillance de l'usine.

La facture en original est renvoyée à l'établissement livrancier.

Le duplicata est conservé par le sous-directeur, qui le comprend dans le dossier à adresser à l'ordonnateur secondaire.

Constatation du remboursement des vieilles matières.

Art. 102. Le sous-directeur des forges fait connaître, aux éta-

---

(1) A moins que ce récépissé n'ait été donné à l'établissement même.

blissements de l'artillerie qui ont délivré les vieilles matières, la date et le numéro du mandat de payement sur lequel a été déduite la valeur de ces vieilles matières.

Cette mention, portée sur la facture de sortie, mise à l'appui du compte-matières, constitue la preuve de remboursement.

État annuel des vieilles matières dont les produits n'ont pas été pris en charge au 31 décembre.

Art. 103. Chaque année, au 31 décembre, les sous-directeurs adressent au directeur des forges, pour être transmis au Ministre, un état (modèle n° 13 de l'instruction du 23 décembre 1888 sur la comptabilité-matières) portant désignation des vieilles matières délivrées et dont les produits n'ont pas été pris en charge avant le 1er janvier.

Relevés annuels des vieilles matières employées dans l'exercice.

Art. 104. Le sous-directeur établit, à la date du 31 janvier, le relevé (état n° IV) par chapitres et paragraphes du budget, des vieilles matières employées par conversion au cours de l'exercice précédent dans la sous-direction.

Ce relevé est adressé au directeur des forges, qui le transmet au Ministre.

Mainlevée des cautionnements versés en garantie de livraisons de vieilles matières.

Art. 105. Lorsqu'il y a lieu à acomptes pour le payement des fournitures résultant de la conversion de vieilles matières, le directeur des forges peut, au moment de chaque acompte, demander la mainlevée d'une fraction du cautionnement spécial à la garantie des vieilles matières.

Cette fraction doit correspondre aux 5/6 de la valeur des vieilles matières employées dans les métaux neufs qui font l'objet du payement d'acompte.

L'avis de mainlevée de cautionnement (ordinaire ou supplémentaire en garantie de vieux objets) est adressé par le Ministre au directeur des forges, qui l'envoie au sous-directeur. Le sous-directeur notifie sans retard par lettre cet avis de mainlevée au fournisseur. Le trésorier-payeur général, dans la caisse duquel le versement de cautionnement a été effectué, reçoit de son côté directement du Ministre l'ordre de restitution correspondant à cet avis.

Dans tous les autres cas, la mainlevée des cautionnements sera donnée conformément aux instructions en vigueur.

Réclamations.

Art. 106. Dans le cas de réclamation d'un fournisseur contre le rejet en usine de tout ou partie d'une commande, les objets en litige sont renfermés dans un magasin à deux clefs ; l'une de ces clefs est remise au capitaine chargé de la surveillance de l'usine, l'autre au fournisseur.

Le capitaine dresse un procès-verbal de l'emmagasinement, sur lequel sont inscrits les motifs que cet officier ou le contrôleur du service des forges et le fournisseur ont à faire valoir contre ou pour la réception.

Ce procès-verbal, revêtu des deux signatures, est établi en deux expéditions conformes, dont l'une reste entre les mains du fournisseur, et l'autre est adressée au sous-directeur, pour être transmise au directeur des forges.

La réception ou le rejet des objets en litige est prononcé par le directeur des forges, sauf les recours de droit.

Cas de refus de la fourniture par l'établissement destinataire.

Art. 107. Lorsqu'un établissement destinataire refuse les objets qui lui ont été expédiés, il en informe immédiatement la sous-direction intéressée. En cas de contestation par le fournisseur au sujet de la validité de ces rebuts, l'inspecteur des fabrications de l'artillerie saisit le Ministre de la question, avec son avis motivé.

Situation des commandes.

Art. 108. Les sous-directeurs adressent au Ministre, le premier jour de chaque trimestre, une situation des commandes de leur sous-direction conforme au modèle n° 4.

Ils adressent au directeur des forges, à des époques fixées par lui suivant les exigences du service, des situations des commandes du modèle qu'il a arrêté.

Modèles des registres et états.

Art. 109. Les registres à tenir et les états à fournir par les sous-directions et par la direction des forges sont indiqués dans les tableaux annexés à la présente instruction.

Dispositions finales.

Art. 110. Sont abrogés :

1° Règlement sur le service de l'artillerie dans les forges, du 11 juin 1841 ;

2° Lettre collective n° 2-2 du 10 février 1890, relative aux factures de livraison de vieux métaux ;

3° Lettre collective n° 2-2 du 15 février 1892, relative aux preuves de remboursements à inscrire sur les factures concernant les vieilles matières livrées à l'industrie pour être converties.

TABLEAU A.

Registres que doit tenir chaque sous-directeur des forges.

NUMEROS		OBJET DE CHAQUE REGISTRE.	ÉPOQUE DU RENOUVELLEMENT ou d'arrêts des inventaires et états contenus dans chaque registre.	OBSERVATIONS.
d'ordre.	des modèles.			
1	»	Registre matricule des officiers et gardes............	Quand il est épuisé.	Tenus conformément aux dispositions du reglement du 14 janvier 1889 sur l'administration et la comptabilité des corps de troupe.
2	»	Registre matricule des employés............	Id.	
3	»	Registre-journal des entrées..	Tenu à jour et arrêté en fin d'exercice. Le compte de la gestion est renouvelé tous les ans.	Tenus conformément aux dispositions du reglement sur la comptabilite-matières (instruction du 23 décembre 1888 sur l'application de ce règlement dans le service de l'artillerie).
4	»	Registre-journal des sorties..		
5	»	Compte de gestion du matériel d'artillerie............		
6	»	Registre des matériaux d'emballage............	Quand il est épuisé.	
7	»	Registre inventaire général...	Id.	Modèle n° 6 de l'instruction du 31 mai 1891 sur la tenue des écritures dans les places comptables.
8	»	Registre des procès-verbaux des conférences..........	Id.	Est tenu quand il y a lieu, article 41 de la presente instruction.
9	»	Registre des expéditions (modèle H de l'instruction du 31 juillet 1891 relative au traité pour l'exécution des transports ordinaires du matériel de la guerre),........	Renouvelé tous les ans et arrêté à la fin de chaque mois.	Fourni par le service de l'intendance.
10	»	Catalogue des ouvrages de la bibliothèque et des tables de construction............	Quand il est épuisé.	Art. 59 de l'instruction.
11	N° 1	Registre d'inscription des commandes...............	Id.	
12	»	Registre des dépenses de bureau (timbres, colis postaux, etc.)...............	Id.	

TABLEAU B.

États adressés au Ministre par les sous-directeurs des forges.

NUMÉROS		DÉSIGNATION DES ÉTATS.	ÉPOQUE DES ENVOIS.	OBSERVATIONS.
d'ordre.	des modèles.			
1	»	État nominatif du personnel (mutations)....................	Le 1er de chaque mois.	
2	Nº 4	Situation trimestrielle des commandes....................	Le premier jour de chaque trimestre.	
3	»	Compte rendu des recensements de l'année écoulée..............	Le 15 janvier.	
4	»	Mutations dans le personnel des employés civils de la sous-direction.	Le 1er de chaque mois.	
5	»	Mutations des candidats à la Légion d'honneur et à la médaille militaire....................	Quand il y a lieu.	
6	»	Compte de gestion du matériel de l'établissement..............	Le 8 avril.	

TABLEAU C.

États et documents adressés par les sous-directeurs au directeur des forges.

NUMÉROS		DÉSIGNATION DES ÉTATS	ÉPOQUE	OBSERVATIONS.
d'ordre.	des modèles.	ET DOCUMENTS.	DES ENVOIS.	
1	»	Situation des commandes.	Suivant les or-dres du direc-teur.	
2	»	État nominatif du personnel.	Tous les mois	
3	»	États des distances parcourues. . . .	Tous les mois.	
4	»	États de prévision.	Époques varia-bles selon la nature.	
5	»	Rapport sur les essais entrepris dans la sous-direction.	Tous les trois mois.	
6	»	Bulletins trimestriels des capitaines. — États de notes.	1er avril et 1er octobre.	
7	»	États de mémoires rédigés pendant l'année.	Le 30 janvier.	
8	»	Commis aux écritures libérables pendant l'année.	Le 15 avril.	
9	»	État des vieilles matières en cours de transformation au 31 décembre (modèle n° 13 de l'instruction du 23 décembre 1888 pour l'application du règlement sur la comptabilité-matières dans le service de l'artillerie).	Le 15 janvier.	
10	»	Situation des dépenses engagées pour l'exécution des commandes.	Tous les mois.	
11	»	État n° 4 (relevé des vieux métaux cédés aux industriels).	Le 1er février.	
12	»	Compte rendu sommaire relatif aux achats sur facture (au point de vue de la provenance des produits).	Tous les trois mois.	

TABLEAU D.

Pièces adressées au Ministre par le directeur des forges.

NUMÉROS		DÉSIGNATION DES PIÈCES.	ÉPOQUE DES ENVOIS.	OBSERVATIONS.
d'ordre.	des modèles.			
1	Nº 3	Situation des dépenses engagées...	Le 10 de chaque mois.	
2	»	État des marchés approuvés par le directeur des forges..........	Id.	
3	»	État des marchés passés au cours du mois écoulé..............	Du 1er au 5 de chaque mois.	
4	»	État des vieilles matières utilisées (état nº IV)................	Le 15 février.	
5	»	Compte rendu sommaire des achats des produits étrangers........	Chaque trimestre.	
6	»	État des vieilles matières en cours de transformation au 31 décembre (modèle nº 13 de l'instruction du 23 décembre 1888 pour l'application du règlement sur la comptabilité-matières de l'artillerie)....	Au début de chaque année.	
7	»	Renseignements sur le matériel de guerre destiné à l'exportation, construit dans l'industrie......	Quand il y a lieu.	

REGISTRE

D'INSCRIPTION DES COMMANDES.

| NUMÉROS | | Dates des commandes. | Imputation budgétaire. | Usines et industriels. | OBJET DES MARCHÉS. | QUANTITÉS COMMANDÉES. | | Prix en gare de départ. | ÉLÉMENTS de CONVERSION. | DESTINATIONS. | DATES | | |
des marchés.	des lettres de commande.					Nombre.	Poids.				de l'approbation des marchés.	de la notification aux fournisseurs.	du terme des délais.

ENREGISTREMENT		CAUTIONNEMENTS				QUANTITÉS reçues.		DATES ET MONTANTS		Sommes dues aux fournisseurs.	PAYEMENTS				MARCHÉ	
Dates.	Montant.	Quotités.	de versement.	de l'avis de mainlevée.	de la notification aux fournisseurs.	Nombre.	Poids.	des certificats administratifs.	des pénalités.		Dates d'envoi du dossier,	Numéros des ordonnances.	Dates et montants des mandats.	Date de la remise des mandats.	terminé.	liquidé.

ARTILLERIE.

—

SOUS-DIRECTION

DES FORGES D

—

USINE D

BUDGET.....

MODÈLE N° 2.

ÉTAT des objets expédiés à

Mode d'expédition
à compte sur la commande du

NUMÉROS de la classification		PRIX		DÉSIGNATION DES OBJETS.	QUANTITÉS commandées.		QUANTITÉS EXPÉDIÉES						OBSERVATIONS.
							antérieurement.		le		TOTAL au		
sommaire.	détaillée.	à la pièce.	aux 100 kilogr.		Pièces.	Poids.	Pièces.	Poids.	Pièces.	Poids.	Pièces.	Poids.	
													Marque du contrôleur. {
													Nombre de colis. {
													Poids bruts. {

A   , le   189 .

Le

MODÈLE N° 3.

DIRECTION DU SERVICE DES FORGES.

ÉTAT faisant ressortir au 1er 189 *le montant des dépenses engagées ou à engager au titre de l'exercice 189 pour l'exécution des commandes faites pendant le mois précédent.*

NUMÉROS des CHAPITRES du budget.	RUBRIQUES.	MONTANT DES MARCHÉS et des achats sur factures approuvés jusqu'à la date du 1er fevrier 189 .	VALEUR APPROXIMATIVE des commandes faites et qui n'ont pas fait l'objet de marches ou d'achats sur facture à la date du 1er février 189 .	TOTAL.	VALEUR des VIEUX MÉTAUX à déduire.
	1re SECTION.				
	—				
45	Entretien du matériel. Munitions pour les écoles à feu.				
	Etc.....				
	2e SECTION.				
	—				
15	Armement des places.				
17	Équipages de siège.				
	Etc.....				

Modèle N° 4.

DIRECTION DU SERVICE DES FORGES.

Sous-direction D

Situation des commandes au

Dates des commandes.	Nature des commandes.	INDUSTRIELS, usines.	Contrôleurs.	QUANTITÉS.		DESTINA-TIONS.	QUANTITÉS reçues			Restant à délivrer.	Termes des délais.	OBSER-VATIONS.
				Nombre.	Poids.		anté-rieures.	du au	totales.			

A   , le   189   .

Le Sous-Directeur des forges,

ÉTAT Nº IV

DES VIEILLES MATIÈRES.

NUMÉROS SOMMAIRES.	DÉSIGNATION des VIEILLES MATIÈRES employées.	CHAPITRES ET PARAGRAPHES DU BUDGET POUR LESQUELLES LES VIEILLES																TOTAUX.	
		CHA-PITRE	1re SECTION. CHAPITRE 45.																
			ARTICLE 1er.								ARTICLE 2.									
			§		§		§		§		§		§		§		§			
		Quantités.	Quantités.	Valeur.	Quantités.	Valeur.	Quantités.	Valeur.	Quantités.	Valeur.	Quantités.	Valeur.	Quantités.	Valeur.	Quantités.	Valeur.	Quantités.	Valeur.	Quantités.	Valeur.

SUPPORTANT LA DÉPENSE DES COMMANDES
MATIÈRES SONT EMPLOYÉES.

2e SECTION.

CHA-PITRE		CHA-PITRF		CHA-PITRE		CHA-PITRE		CHA-PITRE		CHA-PITRE		CHA-PITRE		CHA-PITRE						TOTAUX.		OBSERVATIONS.
Quantités.	Valeur.	Quantités	Valeur.	Quantités.	Valeur.	Quantités.	Valeur.	Quantités.	Valeur.	Quantités.	Valeur.	Quantités.	Valeur.	Quantités.	Valeur.					Quantités.	Valeur.	

ANNEXE N° 1.

Direction du service des forges.

Répartition de tous les départements dans les cinq arrondissements des forges.

CENTRE, chef-lieu : NEVERS.	EST, chef-lieu : BESANÇON.	MIDI, chef-lieu : TOULOUSE.	NORD, chef-lieu : MÉZIÈRES.	OUEST, chef-lieu : RENNES.
Allier. Charente. Cher. Creuse. Indre. Indre-et-Loire. Loir-et-Cher. Loire. Haute-Loire. Loiret. Nièvre. Puy-de-Dôme. Rhône. Vienne. Haute-Vienne. Yonne.	Ain. Aube. Arrondissement de Belfort. Côte-d'Or. Doubs. Isère. Jura. Haute-Marne. Meurthe-et-Moselle. Haute-Saône. Saône-et-Loire. Savoie. Haute-Savoie. Vosges.	Basses-Alpes. Hautes-Alpes. Alpes-Maritimes. Ardèche. Ariège. Aude. Aveyron. Bouches-du-Rhône. Cantal. Corrèze. Dordogne. Drôme. Gard. Haute-Garonne. Gers. Gironde. Hérault. Landes. Lot. Lot-et-Garonne. Lozère. Basses-Pyrénées. Hautes-Pyrénées. Pyrénées-Orientales. Tarn. Tarn-et-Gar^{ne}. Var. Vaucluse.	Aisne. Ardennes. Arrondissement de Briey (Moselle). Marne. Meuse. Nord. Oise. Pas-de-Calais. Seine. Seine-et-Marne. Seine-et-Oise. Somme.	Calvados. Charente-Inférieure. Côtes-du-Nord. Eure. Eure-et-Loir. Finistère. Ille-et-Vilaine. Loire-Inférieure Maine-et-Loire. Manche. Mayenne. Morbihan. Orne. Sarthe. Seine-Inférieure Deux-Sèvres. Vendée.

ANNEXE N° 2.

Le Ministre de la guerre à MM. le Général de division, inspecteur permanent des fabrications de l'artillerie; le Général de division, commandant l'artillerie de la place et des forts de Paris; les Généraux commandant l'artillerie des corps d'armée ; le Général commandant l'artillerie de la place et des forts de Lyon; le Général commandant l'artillerie en Algérie; le Colonel commandant l'artillerie et le train des équipages militaires en Tunisie. (3e *Direction, Artillerie et Equipages militaires; Matériel.*) Lettre collective n° 2-1.

Paris, le 28 avril 1898.

(Au sujet des délégations de crédits et du mandatement des dépenses.)

Général, j'ai arrêté à la date du 28 avril courant les termes d'une note ministérielle concernant la délégation des crédits aux ordonnateurs secondaires des services de l'artillerie, du génie et de santé. La teneur de cette note, qui sera prochainement insérée au *Bulletin officiel*, est la suivante :

« En vue de faciliter le mandatement des dépenses et de réduire ainsi le nombre des créances à ordonnancer au titre des exercices clos, le Ministre a décidé, après entente avec M. le Ministre des finances, de généraliser l'application des dispositions des articles 114 et suivants du règlement du 3 avril 1869 sur la comptabilité des dépenses du département de la guerre.

« La délégation des crédits aux ordonnateurs secondaires des services de l'artillerie, du génie et de santé sera, en conséquence, effectuée, à partir du 1er mai prochain, par circonscription administrative.

« Chaque ordonnateur secondaire sera chargé du soin d'effectuer lui-même la répartition de ses crédits, selon les besoins du service, dans chaque département, et de notifier cette répartition sur un état modèle n° 16 (n°s 166 et 166 *bis* des imprimés), modifié en conséquence, au trésorier-payeur général du département du lieu de sa résidence, qui procédera à une sous-répartition semblable entre ses collègues intéressés.

« En cas d'insuffisance de crédits sur un département, les directeurs ordonnateurs pourront, par application des dispositions de l'article 117 du règlement du 3 avril 1869, changer, par une répartition nouvelle, la destination de la totalité ou d'une partie des fonds non encore employés.

« Ce mode de délégation sera également employé pour les

directeurs des établissements de l'artillerie appelés à mandater les dépenses du service des forges.

« Enfin, aucune modification ne sera apportée aux errements actuellement suivis pour les demandes de fonds, la liquidation des dépenses, l'émission des mandats, etc..... »

L'état suivant indique les ordonnateurs secondaires du service de l'artillerie dont la circonscription administrative comprendra, par suite des indications qui précèdent, plusieurs départements.

DÉSIGNATION		RÉSIDENCE des trésoriers-payeurs généraux auxquels sont adressés les états de répartition.	DÉPARTEMENTS composant la CIRCONSCRIPTION ADMINISTRATIVE des ordonnateurs.
des SERVICES.	des ORDONNATEURS.		
Artillerie (établissements.)	Le directeur d'artillerie à Dunkerque.	Lille.	Nord, Pas-de-Calais.
	Le directeur d'artillerie à Grenoble.	Grenoble.	Isère, Drôme.
Sous-direction des forges du Nord.	Le directeur d'artillerie à Reims.	Châlons-sur-Marne.	Marne, Aisne, Ardennes, Meurthe-et-Moselle (arrondissement de Briey), Meuse, Nord, Oise, Pas-de-Calais, Seine-et-Marne, Seine-et-Oise, Somme.
Sous-direction des forges de l'Est.	Le directeur d'artillerie à Besançon.	Besançon.	Doubs, Ain, Aube, territoire de Belfort, Côte-d'Or, Isère, Jura, Haute-Marne, Meurthe-et-Moselle (moins l'arrondissement de Briey) Haute-Saône, Saône-et-Loire, Savoie, Haute-Savoie, Vosges.
Sous-direction des forges du Midi.	Le directeur d'artillerie à Toulouse.	Toulouse.	Haute-Garonne, Basses-Alpes, Hautes-Alpes, Alpes-Maritimes, Ardèche, Ariège, Aude, Aveyron, Bouches-du-Rhône, Cantal, Corrèze, Dordogne, Drôme, Gard, Gers, Gironde, Hérault, Landes, Lot, Lot-et-Garonne, Lozère, Basses-Pyrénées, Hautes-Pyrénées, Pyrénées-Orientales, Tarn, Tarn-et-Garonne, Var, Vaucluse.

Artillerie (service des forges).

DÉSIGNATION		RÉSIDENCE des trésoriers-payeurs généraux auxquels sont adressés les états de répartition.	DÉPARTEMENTS composant la CIRCONSCRIPTION ADMINISTRATIVE des ordonnateurs.
des SERVICES.	des ORDONNATEURS.		
Artillerie (service des forges). Sous-direction des forges de l'Ouest.	Le directeur de l'atelier de construction à Rennes.	Rennes.	Ille-et-Vilaine, Calvados, Charente-Inférieure, Côtes-du-Nord, Eure, Eure-et-Loir, Finistère, Loire-Inférieure, Maine-et-Loire, Manche, Mayenne, Morbihan, Orne, Sarthe, Seine-Inférieure, Deux-Sèvres, Vendée.
Sous-direction des forges du Centre.	Le directeur de l'atelier de construction à Bourges.	Bourges.	Cher, Allier, Charente, Creuse, Indre, Indre-et-Loire, Loir-et-Cher, Loire, Haute-Loire, Loiret, Nièvre, Puy-de-Dôme, Rhône, Vienne, Haute-Vienne, Yonne.
Les cinq sous-directions des forges.	Le directeur d'artillerie à Vincennes.	Paris	Cet ordonnateur mandate sur la caisse du caissier-payeur central du Trésor public toutes les créances du service des forges payables à Paris, quel que soit le département où sont situées les usines des fournisseurs intéressés.

Pour permettre le mandatement des dépenses, chacun des sous-directeurs du service des forges devra transmettre soit à l'ordonnateur secondaire correspondant à sa circonscription, soit au directeur d'artillerie à Vincennes, pour les payements à faire effectuer à Paris, les dossiers complets des pièces justificatives (y compris un relevé, par dossier, des extraits de certificats administratifs) à remettre au payeur à l'appui des mandats. Ces dossiers devront être accompagnés, en outre, d'un double de la facture du fournisseur (sur papier libre) et d'une seconde expédition du marché, s'il y a lieu, ces deux pièces étant destinées à appuyer la liquidation trimestrielle de l'ordonnateur secondaire, et enfin d'un double de la minute du certificat administratif indiquant la répartition de la fourniture entre les destinataires; ce certificat devra être conservé dans les archives de l'établissement de l'ordonnateur.

Lorsqu'il y aura lieu de payer un acompte à un fournisseur, le sous-directeur des forges intéressé joindra, au premier dossier justifiant de la livraison partielle effectuée, les deux expéditions du marché. Les deux factures du fournisseur ne seront remises à l'ordonnateur secondaire qu'au soutien du dossier de la dernière livraison.

En vue de permettre la constitution rapide des dossiers en question, les extraits de certificats administratifs, comportant prise en charge, que les établissements de l'artillerie réceptionnaires adressaient à l'administration centrale de la guerre, d'après les instructions en vigueur jusqu'à ce jour, devront désormais être envoyés respectivement aux sous-directeurs des forges qui les auront fait établir.

La nouvelle manière de procéder pour l'acquittement des dépenses du service des forges, ayant pour but de hâter les payements, je ne saurais trop vous recommander de faire apporter la plus grande diligence à la prise en charge du matériel et au renvoi des extraits de certificats administratifs aux sous-directeurs des forges. Il arrive, en effet, fréquemment, qu'une même commande exécutée par un maître de forges est répartie entre un grand nombre d'établissements différents et nécessite la production, au payeur, d'un nombre correspondant d'extraits de certificat administratif revêtus de la prise en charge. Or, si le renvoi d'un seul de ces extraits subit un retard, le payement de la fourniture complète subit le même retard et peut donner lieu à des réclamations fondées de la part des créanciers.

Les six ordonnateurs secondaires chargés du mandatement des dépenses des forges devront comprendre sur leurs demandes de fonds les crédits nécessaires pour l'acquittement desdites dépenses, en dehors de leurs besoins propres pour assurer la marche de leur établissement.

Par suite, les sous-directeurs des forges devront, le 1er de chaque mois, au plus tard, faire connaître à l'ordonnateur secondaire de leur circonscription et, au besoin, au directeur d'artillerie à Vincennes, les crédits de délégation nécessaires, par chapitre et article du budget, pour assurer les payements à effectuer pendant le mois suivant.

Enfin, les directions d'artillerie de Dunkerque et de Grenoble, mentionnées au tableau de répartition ci-contre, recevront désormais leurs délégations de crédits respectivement sur les départements du Nord et de l'Isère. Pour les mandats à faire acquitter par les trésoriers généraux du Pas-de-Calais et de la Drôme, les ordonnateurs secondaires intéressés devront faire répartir les crédits correspondants comme l'indique la note susvisée.

J'ai l'honneur de vous prier de vouloir bien notifier à qui de droit les dispositions qui précèdent et prendre les mesures nécessaires pour en assurer la stricte exécution.

Vous voudrez bien m'accuser réception de la présente dépêche.

Pour le Ministre : Le Secrétaire général,

Par délégation : Le Général directeur, Signé : DELOYE.

ANNEXE N° 3.

Le Ministre de la guerre à M. le Général commandant l'artillerie du   e corps d'armée à   (3e *Direction, Artillerie et Equipages militaires ; Matériel*).

Paris, le 19 octobre 1898.

(Apposition du timbre de 0 fr. 10 sur les factures de livraison de vieilles matières.)

Général, j'ai été informé que le caissier central du Trésor public avait en plusieurs circonstances réclamé l'apposition du timbre d'acquit de 0 fr. 10 sur les factures de livraison de vieux métaux mises à l'appui des mandats de payement dans les marchés par conversion.

M. le Ministre des finances, consulté à ce sujet, a bien voulu reconnaître que si la décharge donnée par le réceptionnaire sur les factures de livraison de vieilles matières devait être soumise au timbre d'acquit de 0 fr. 10, en vertu de l'article 18 de la loi du 23 août 1871, il n'en était pas de même de la quittance donnée pour ordre et par double emploi sur les duplicata de ces factures qui sont remis au payeur en même temps que les mandats de payement ; mais, pour éviter toute contestation, il est indispensable que ces duplicata soient revêtus d'une mention spéciale indiquant leur origine.

En conséquence, j'ai l'honneur de vous prier de vouloir bien faire connaître les dispositions précitées à MM. les directeurs des établissements sous vos ordres. Ils devront à l'avenir exiger des fournisseurs l'apposition du timbre d'acquit de 0 fr. 10 sur les minutes des factures de livraison de vieilles matières, et faire inscrire d'une manière très apparente en tête des expéditions de ces pièces la mention « Duplicata ».

Pour le Ministre :
Le Secrétaire général,

Par délégation :
Le Général directeur,
Signé : DELOYE.

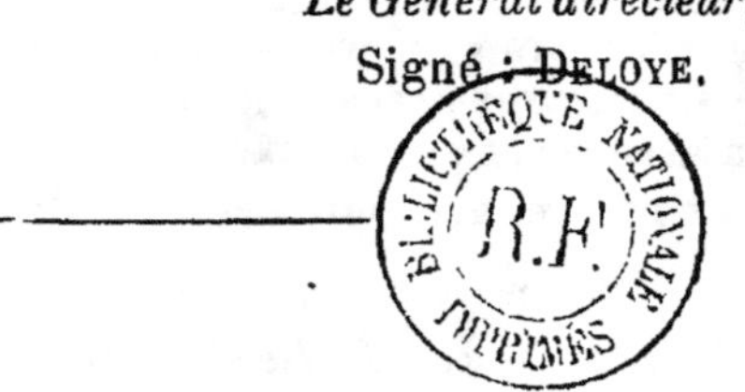

TABLE DES MATIÈRES

TITRE PREMIER.

ORGANISATION GÉNÉRALE DU SERVICE.

CHAPITRE PREMIER.

DE LA RÉPARTITION GÉNÉRALE DU PERSONNEL.

CHAPITRE II.

DIRECTEUR DES FORGES.

Fonctions du directeur et de son adjoint.

Capitaine adjoint à la direction des forges.

CHAPITRE III.

SOUS-DIRECTIONS.

Fonctions du sous-directeur, des officiers et employés.

SOUS-DIRECTEUR.

SOUS-DIRECTEUR ADJOINT.

CAPITAINES ADJOINTS.

CHAPITRE IV.

MODE D'ADMISSION AUX EMPLOIS DE GARDES CHEFS OUVRIERS ET OUVRIERS D'ÉTAT DU SERVICE DES FORGES.

TITRE II.

INSTRUCTION SPÉCIALE DES OFFICIERS ET EMPLOYÉS DU SERVICE DES FORGES.

Officiers.

Instruction des gardes chefs ouvriers et ouvriers d'état nouvellement nommés.

TITRE III.

ADMINISTRATION.

CHAPITRE PREMIER.

OBSERVATIONS GÉNÉRALES.

CHAPITRE II.

BUREAUX, BIBLIOTHÈQUES, ARCHIVES, INSTRUMENTS VÉRIFICATEURS, COLLECTIONS.

CHAPITRE III.

COMPTABILITÉ-MATIÈRES.

CHAPITRE IV.

COMPTABILITÉ-FINANCES

CHAPITRE V.

COMMANDES.

TABLEAUX.

MODÈLES.

ANNEXES.

Paris. — Imprimerie R. CHAPELOT et Cᵉ, rue Christine, 2.

www.ingramcontent.com/pod-product-compliance
Lightning Source LLC
Chambersburg PA
CBHW061619060726
47597CB00005B/1706